AF349544

LE LIQUORISTE PARFAIT

ET

FABRICANT

DE SIROPS ET CONSERVES,

PAR

Hy^te DUPLAIS, DISTILLATEUR,

Rue du Faubourg-Montmartre, 48, à Paris.

Avec ce livre, tout le monde pourra fabriquer des Liqueurs, Sirops et Conserves, aussi bien que les maisons les plus renommées.

Avec un de mes flacons de Parfums contenant 60 grammes, on peut fabriquer 15 litres de Liqueur surfine, ou 20 litres de fine, ou 24 litres demi-fine, ou 40 litres d'ordinaire.

PARIS.

TYP. APPERT FILS ET VAVASSEUR, PASSAGE DU CAIRE, 54.

1850.

AVANT-PROPOS.

Beaucoup de personnes croient que pour que les liqueurs soient bonnes, il faut qu'elles soient distillées.

C'est une erreur que certaines personnes ont intérêt à propager. Ce qui se distille, ce sont les plantes, les fleurs et les différents ingrédients qui servent à donner le goût aux liqueurs que l'on veut faire. Cela se fait avec de l'esprit de vin, que l'on appelle esprit parfumé, et avec un litre de cet esprit, on peut donner le goût à une très grande quantité de liqueur. Les liqueurs se font généralement à froid; car, s'il en était autrement, il y aurait une très grande perte d'esprit et de parfum, matières extrêmement volatiles.

Comme on le voit, on peut faire de très bonnes liqueurs avec mes parfums préparés, préparation qui m'est familière, étant fils de distillateur, et n'ayant jamais cessé de travailler dans cette partie, soit à Paris ou en province, pendant dix ans, surtout comme ouvrier de fourneau.

LE LIQUORISTE PARFAIT

ET

FABRICANT DE SIROPS ET DE CONSERVES.

PROSPECTUS

des Recettes contenues dans cet Ouvrage.

Anisette de Bordeaux.
Curaçao de Hollande.
Marasquin de Zara.
Alkiermes de Florence.
Eau-de-vie de Dantzig.
Crême de Vanille.
Crême de Menthe.
Elixir de Garus.
Liqueur de la Grande Chartreuse.
Huile de Rose.
Vespetro.
Crême de Noyau.
China-China.
Parfait Amour.
Délices des Dames.
Crême de fleur d'Oranger.
Eau de la côte Saint-André.
Eau d'Or de Turin.
Eau d'Argent.
Eau de Céleri.

Huile de Vénus.
Crême de Girofle.
Crême de Jasmin.
Eau du Chasseur.
Eau du Paradis.
Crême d'Angélique.
Eau Vierge.
Subac d'Irlande.
Eau-de-vie d'Andaye.
Rosolio dit Thorino.
Extrait d'Absinthe Suisse.
Genièvre de Hollande.
Sirop de Punch.
Infusion de Cassis.
Cassis.
Conserves de jus de fruits.
Sirops.
Fruits à l'eau-de-vie.
Vulnéraire..
Elixir de Longue vie.
Eau de Cologne.

Avec un flacon de parfum contenant 60 grammes, on fabrique 15 litres de liqueur surfine ou 20 litres de fine, ou 24 de demi-fine, ou 40 d'ordinaire.

Pour faire 15 litres de liqueur surfine, on prend 7 kil. 5 hect. de sucre que l'on fait fondre à chaud. On laisse bouillir pendant dix minutes pour les liqueurs coloriées, et cinq minutes pour les liqueurs blanches. Quand le sucre est froid, on ajoute 5 litres 70 centilitres d'esprit, dans lequel on mélange un flacon de parfum. On finit les 15 litres avec de l'eau, et on filtre.

Pour faire 20 litres de liqueur fine, on prend 7 kil. 5 hect. de sucre que l'on fait fondre comme ci-dessus. On ajoute 6 litres 80 centilitres d'esprit dans lequel on mélange un flacon de parfum. On finit avec de l'eau, et on filtre.

Pour faire 24 litres de liqueur demi-fine, on prend 6 kil. de sucre que l'on fait fondre à chaud avec 6 litres d'eau. On laisse bouillir dix minutes. Quand le sucre est froid, on ajoute 7 litres 20 centilitres d'esprit, dans lequel on ajoute un flacon de parfum. On finit les 24 litres avec de l'eau, et on filtre.

Pour faire 40 litres de liqueur ordinaire, on prend 5 kil. de sucre que l'on fait fondre à froid avec 10 litres d'eau. On y ajoute dix litres d'esprit dans lequel on mélange un flacon de parfum. On finit les 40 litres avec de l'eau, et on filtre.

Couleurs.

Pour faire la couleur rouge, on prend 30 grammes de cochenille amoniacale que l'on fait dissoudre sur le feu avec un 1/2 litre d'eau. Quand cette couleur est froide, on y ajoute un 1/2 litre d'esprit pour la conserver. Cette quantité peut colorer 100 litres.

Autre couleur rouge.

On prend 1 kil. d'orseil en pâte que l'on fait infuser avec 2 litres d'esprit. Cette quantité peut colorer 500 litres, et coûte moins cher que la cochenille, mais n'est pas aussi fine de goût.

Pour faire la couleur jaune, on prend 5 grammes de safran gatinais, que l'on fait infuser avec un 1/2 litre d'esprit. Cette quantité peut colorer 100 litres. Pour obtenir le jaune d'or, on ajoute un peu de caramel.

Le curaçao fin, demi-fin et ordinaire, se colore avec du bon caramel.

Couleur de Curaçao surfin.

On prend 100 grammes d'ématus cristallisé que l'on écrase, et que l'on fait dissoudre dans un litre d'esprit. Cette quantité peut colorer 100 litres.

Manière de faire le Curaçao de Hollande.

Pour faire 15 litres, on prend 8 kil. de sucre, que l'on fait fondre à chaud avec 4 litres d'eau, on laisse bouillir dix minutes ; quand le sucre est froid, on ajoute 6 litres d'esprit, dans lequel on mélange un flacon de parfum. On colore à volonté avec de l'infusion d'ématus. Si on trouvait que le curaçao soit trop rouge, on y ajouterait quelques gouttes de jus de citron qui le rendrait jaune. On finit les 15 litres avec de l'eau, et on filtre.

Manière de faire le Marasquin de Zara.

Ou prend 8 kil. de sucre que l'on fait fondre à chaud, avec 4 litres d'eau, on laisse bouillir 5 minutes. Quand ce sucre est froid, on ajoute 4 litres d'esprit dans lequel on mélange un flacon de parfum et 3 litres de kirch. On finit les 15 litres avec de l'eau, s'il y a lieu, et on filtre.

Avec un flacon de parfum de genièvre, on en fabrique 20 litres d'une très bonne qualité. On le fait au degré que l'on veut, en ayant soin de mélanger le parfum dans l'esprit.

———

Avec un flacon de parfum d'absinthe, on fabrique 12 litres d'absinthe Suisse, ou 24 litres de demi-fine ou 40 litres d'ordinaire.

———

Pour faire 12 litres d'absinthe Suisse, on prend 9 litres d'esprit de vin première qualité, dans lequel on mélange un flacon de parfum. Dans les trois litres d'eau qu'il reste à ajouter, on fait bouillir 60 grammes de bois de réglisse. On colore et on filtre.

———

Pour faire 24 litres d'absinthe demi-fine, on prend 14 litres d'esprit, dans lequel on mélange un flacon de parfum. On y ajoute dix litres d'eau dans laquelle on fait bouillir 60 grammes de bois de réglisse, ou colore et on filtre.

———

Pour faire 40 litres de liqueur ordinaire, on prend 20 litres d'esprit dans lequel on mélange un flacon de parfum ; on ajoute 20 litres d'eau, on colore et on filtre.

———

Manière de colorer l'Absinthe.

On prend 250 grammes de feuilles d'orties sèches, on les met dans un mortier avec 25 centilitres d'esprit de vin, on pile jusqu'à ce qu'elles viennent comme de la pâte, on les presse pour leur faire rendre tout le jus que l'on jette. On prend alors cette herbe qui a été bien pressée, on la met dans un vase de terre avec 2 litres d'esprit de vin, on délaye bien ; on laisse infuser vingt-quatre heures, puis on la presse, et avec cette couleur on colore l'absinthe à volonté. Pour la rendre olive, on y ajoute du caramel.

———

Autre couleur verte.

On donne une légère teinte jaune citron à l'absinthe, avec de la teinture de safran ; on finit la couleur eau-de-vie, avec du caramel, et on ajoute du bleu d'indigo désacidé.

Autre couleur verte d'Absinthe Suisse.

Prenez 1 kil. mélisse sèche, autant de fenouil, autant de petite absinthe et d'isoppe ; faites infuser le tout dans un petit tonneau avec 10 litres d'esprit, pendant huit jours ; au bout de ce temps, colorez l'absinthe à volonté, en comptant comme esprit la couleur que vous employez.

Recette pour faire la conserve de Groseille pour sirops.

On prend 50 kil. de groseilles, 5 kil. cerises aigres, 5 kil. de merises, 2 kil. 5 hect. framboises ; on écrase le tout au-dessus d'un tamis pour avoir le jus, que l'on met dans des terrines, et on laisse fermenter. La fermentation ne se produit pas en temps déterminé ; on reconnaît si elle est arrivée à point lorsque la croûte produite par la fermentation commence à se crever, on l'enlève alors avec un écumoir, on la met dans des bouteilles que l'on bouche avec force et que l'on ficèle comme l'eau de Seltz. On entoure les bouteilles avec de la paille ou du foin, on les met debout dans une bassine que l'on emplit d'eau jusqu'au goulot des bouteilles ; on chauffe cette eau avec soin, de manière que la chaleur se produise dans les bouteilles en même temps que dans la bassine ; quand l'eau arrive à l'ébullition, on arrête le feu et on laisse refroidir la conserve et l'eau ensemble. Quand cela est fait, on goudronne les bouteilles ; et, avec ce jus, on peut faire du sirop toute l'année.

Toutes les conserves se font de la même manière.

Recette pour faire 20 litres de Sirop de Groseilles.

On prend 19 kil. de beau sucre, 10 litres de conserve, on fait bouillir le tout, on l'enlève du feu aussitôt l'ébullition, on laisse reposer ce sirop et on l'écume. Quand il est tiède, on le met en bouteille.

Si on veut faire du sirop moins bon, on remplace par de l'eau chaque litre de conserve en moins.

Quand on veut faire du sirop très coloré, on y ajoute de la conserve de merise.

Le sirop du commerce doit peser 36 froid au pèse-sirop. Ce degré correspond à 32 chaud bouillant.

Manière de faire 20 litres de sirop d'Orgeat.

On prend 1 kil. 5 hect. d'amandes douces de Pésenas, idem, 1 kil. d'amères, on les jette dans de l'eau bouillante, on les laisse cinq minutes, on les retire et on les met dans de l'eau froide, on pèle, puis on les pile dans un mortier de manière à les rendre aussi pâteuses que le beurre, on forme dix litres avec de l'eau, ensuite on les presse pour recevoir le lait, on ajoute 19 kil. de sucre, et on opère de la manière ci-dessus. On n'écume pas ce sirop ; quand il est froid, il se forme une croûte sur la superficie du sirop, on verse dessus un peu d'eau de fleur d'oranger pour la faire fondre et donner du goût ; au bout d'une heure, on mêle le tout et on met en bouteille.

Recette pour faire 8 litres de sirop de Gomme.

On fait dissoudre vingt-quatre heures d'avance, 5 hect. de gomme avec 2 litres d'eau, on passe cette dissolution dans un tamis, sur 7 kil. 5 hect. de sucre. On cuit le tout et on clarifie avec un blanc d'œuf que l'on délaye dans un demi-litre d'eau. On ajoute, quand le sirop est froid, un peu d'eau de fleur d'oranger.

Capillaire, 8 litres.

On prend 125 gram. capillaire sur laquelle on verse 2 litres d'eau bouillante. On passe cette infusion dans un linge sur 7 kil. 5 hect. de sucre.

Recette pour faire de l'infusion de Cassis.

On prend 100 kil. de cassis que l'on écrase et qu'on laisse fermenter quatre jours ; au bout de ce temps, on le met dans un tonneau (de 220 litres), on verse dessus 20 litres d'esprit de vin, et on remue cela tous les jours ; au bout de huit jours, on finit de remplir le tonneau avec de l'esprit de vin, et on laisse infuser pendant un mois ou deux. Pour faire la liqueur, on s'y prend de la manière suivante :

Pour faire 100 litres de cassis ordinaire, on prend 11 kil. 250 gr. de sucre que l'on fait fondre à froid avec 30 litres d'eau ; on ajoute 20 litres d'infusion vierge, et 10 litres d'esprit. On finit les 100 litres avec de l'eau, et on filtre ou on colle avec des œufs.

Pour faire 25 litres de cassis demi-fin, on prend 6 kil. 250 grammes de sucre que l'on fait fondre à froid avec 6 litres d'eau ; on ajoute 10 litres d'infusion vierge, on finit avec de l'eau et on filtre.

Pour faire 20 litres de cassis fin, on prend 7 kil. 250 gr. de sucre que l'on fait fondre à chaud avec 4 litres d'eau. Quand le sucre est froid, on finit les 20 litres avec de l'infusion.

Quand le jus de l'infusion première est épuisée, on recharge le grain avec de l'eau-de-vie blanche à 20 degrés ; cette seconde infusion épuisée, on recharge avec de l'eau pour retirer l'esprit qui reste dans le grain. Cette infusion ne peut plus servir que comme eau.

Infusion de Framboises.

On prend 25 kil. de framboises sur lesquelles on verse 20 litres d'esprit, on laisse infuser pendant un mois; au bout de ce temps, on peut faire de la liqueur.

RECETTES POUR FAIRE LES FRUITS A L'EAU-DE-VIE.

Cerises.

On prend des cerises dites courtes-queues, on la leur coupe, et on verse dessus de l'eau-de-vie blanche à 20 degrés. Au bout d'un mois, on peut livrer cette cerise au commerce ; on prend du jus dans lequel elles sont, on le sucre à 125 grammes par litre, on le colore, s'il ne l'est pas assez, on le filtre et on l'ajoute aux cerises pour la vente.

Prunes.

On prend des prunes sans être mûres, dites Reine-Claude, et on les blanchit de la manière suivante :

On met 15 litres d'eau dans une bassine de cuivre rouge, on jette dedans gros comme une noisette de sulfate de cuivre, une pincée de sel marin ; on jette également dans cette eau une trentaine de prunes des plus défectueuses, car elles sont perdues.

On fait bouillir le tout jusqu'à ce que les prunes commencent à s'écraser. On les retire de l'eau et on les jette. Cette eau, ainsi préparée, peut servir pour 10 tonneaux de prunes. On laisse tiédir l'eau; on jette alors dedans les prunes que l'on veut faire, en ayant eu le soin de les piquer jusqu'au noyau avec des épingles en argent. On les chauffe tout doucement, progressivement, jusqu'à ce qu'elles montent sur l'eau ; on les enlève au fur et mesure, et on les jette dans de l'eau glacée; on les rafraîchit souvent pour les saisir, ce qui les fait verdir davantage ; on les met ensuite dans des cruches avec de l'eau-de-vie blanche à 22 degrés. Au bout de six semaines, on peut les livrer au commerce, en les mettant dans un jus sucré à 155 grammes par litre, auquel on donne le goût de noyau.

Abricots.

Dans 15 litres d'eau, on met 15 gram. 6 décigr. d'alun de glace. On opère comme pour les prunes.

Les prunes se mettent dans des bocaux verts ; les abricots dans des bocaux blancs.

Recette pour faire des Chinois.

On prend des chinois dits égouttés, on les jette dans de l'eau tiède ; on laisse le fruit dix minutes dedans, en chauffant légèrement. Au bout de ce temps, on met les chinois dans des cruches avec de l'eau-de-vie blanche à 20 degrés. Au bout de quinze jours, on peut les livrer au commerce. Le jus se prépare avec celui dans lequel ils sont ; il doit être très sucré.

Manière de filtrer les liqueurs.

1° On prend un filtre en molleton de laine ou de coton, que l'on suspend entre deux chaises ou autrement ;

2° Deux ou trois feuilles de papier à filtrer que l'on réduit en pâte dans un mortier ou dans un saladier avec deux fourchettes et de l'eau ; une fois le papier réduit très fin, on retire l'eau qui est dedans, en la versant dessus un linge ; on le délaye dans la liqueur que l'on verse dans le filtre, et ce qui coule, on le repasse plusieurs fois jusqu'à ce que ce soit clair.

Si on éprouvait quelque difficulté à éclaircir, on n'aurait qu'à jeter dans le filtre une cuillerée de cendre de bois : cela suffirait pour éclaircir.

Eau-de-vie de Dantzig.

Quand la liqueur est faite, on ajoute deux feuilles d'or potable par litre, que l'on délaye dans une tasse avec un peu de liqueur et une fourchette. On la met ensuite dans la bouteille.

Il en est de même pour l'eau d'or et d'argent.

Pour faire 4 litres d'Eau de Cologne, on prend 3 litres 1|2 d'esprit dans lequel on mélange un flacon de parfum ; on ajoute un 1|2 litre d'eau, et on filtre dans un filtre en papier.

Recettes particulières.

Pour vieillir les eaux-de-vie comme si elles avaient dix ans.

Pour vieillir les vins, leur ôter leur verdeur et leur âcreté.

Pour préparer le parfum de Médoc et donner le parfum de vin de Bordeaux.

Pour préparer les eaux-de-vie et leur donner bon goût.

Typ. et Lith. de APPERT fils et VAVASSEUR, pass, du Caire, 54.

www.ingramcontent.com/pod-product-compliance
Lightning Source LLC
LaVergne TN
LVHW010919180726
843502LV00010B/4194